バターは調味料。
ほんの少し使うだけで
おいしくなる

上田淳子

はじめに

子供の頃、バターはトーストの上でなかなか溶けてくれず、
ころりとしたかたまりのままパンにのっかっているだけの、
なかなかやっかいなものでした。
そんな私が心からバターに"出会った！"と思ったのは、
30年前、スイスとフランスで料理の修業をしていた頃のことです。
まず驚いたのは、パンに塗るバターの量。
スイスのパンはライ麦などから作られ、かたくて黒いのが特徴です。
いわゆる「黒パン」ですね。当時の日本にもすでに入っていましたが、
パサパサでほのかな酸味もある味わいを口にする度、
かの地の人々との味覚の違いを感じたものでした。
しかし、現地に行ってみると、人々はその切り口にたっぷりと、
隅々まで埋め込むように分厚くバターを塗っていました。
確かにこうすると、シンプルなパン本来の深い味わいが際立つのです。
フランス料理に欠かせないソース作りにも、バターは大活躍します。

バターの使い方ひとつで、ソースは本当にいろいろに変化します。
シェフたちはさまざまなテクニックを駆使してバターを使っていました。
もちろんそれはレストランだけのものではなく、家庭のキッチンでも同じ。
香ばしいバターで焼いたオムレツ。
オランデーズソースがたっぷりかかった旬のアスパラガス。
バターが香る焼き立てのマドレーヌ。
バターは確実に料理をおいしくしていることに気づかされました。
そう、バターは甘み、コク、豊かさを
食材にプラスできる魔法の調味料なのだということを。
冷えたらかたまる。やわらかくしたらなめらかに。
溶かしてもよし、焦がしてもよし。
いろんな姿でその力を発揮できる名脇役。
そんな目でバターを見ると、食卓がちょっと楽しくなるはず。
この本で、そんなバターマジックを楽しんでいただけたら嬉しいです。

上田淳子

バターは調味料

— バターは加工されていない生乳から
　クリーム成分を取り出し、
　それを攪拌して分離してかためたものです。
— 植物性の油に対し、動物性の脂になります。
　植物性にはない、旨み、甘み、風味があり、
　フランスでは調味料としての認識が強いです。
— 固形のまま楽しんだり、ホイップにしてみたり、
　溶かしてみたり、焦がしてみたり、
　形を変えるごとに風味が変わります。
— 加熱すると、なんとも言えない香りを放ち、
　淡白な食材を力強い料理に、
　クセのある食材を角の取れた料理に変身させます。
— いろいろな魅力を持つバター。
　気になるのはそのカロリーですが、
　実は同量のサラダ油や、
　オリーブオイルよりも少ないのです。

カロリーについて
実はバターは油よりもカロリーが低く、
10gあたり、有塩バターは約75kcal、
無塩バターは約77kcal、サラダ油や
オリーブオイルは約93kcalになります。

本書のバターの使い方

— バターは有塩、無塩、発酵に分類されます。
　有塩バターは1.5〜1.6％の塩分を含み、
　無塩バターはその名の通り、塩分を含みません。
　発酵バターはクリームに乳酸菌を加えて
　発酵させたバターで、深いコク、
　ヨーグルトのような独特の香りが楽しめます。
— ほとんどのレシピが2人分で10gの使用量です。
　大きさにして、キャラメルほどの大きさ。
　味に差異は出ないので、お手持ちのバターをご使用ください。
　ただ、オランデーズソース、菓子類は無塩バターを使いましょう。
— 脂としてだけではなく、風味豊かなバター。
　調味料の役目も担うため、その分シンプルな味つけに。
　焼いたり、炒めたり、ソースにしたり、
　仕上げにまとわせたり、粉と合わせてお菓子にしたり。
　意外にもしょうゆや、味噌などと合わせたりと、
　おもしろい使い方が可能です。
— ただ焦げやすいので、フライパンに入れてから火にかけてください。

contents

はじめに …… 2

バターは調味料 …… 4

本書のバターの使い方 …… 5

肉とバター

豚もも肉ときのこのバターワイン煮 …… 10

豚肩ロース肉と玉ねぎのバター蒸し煮 …… 11

豚ロース肉のソテー オレンジソース …… 13

ポークソテー 味噌バターソース …… 14

豚もも肉のカツレツ ミラノ風 …… 17

豚ヒレ肉のピカタ …… 18

豚挽き肉の水餃子 オイスターバターソース …… 19

鶏むね肉のブールノワゼット …… 21

蒸し鶏むね肉のバタードレッシング …… 22

鶏むね肉のキエフ風カツレツ …… 24

鶏もも肉のバターチキンカレー …… 26

鶏手羽元のレモンバター煮 …… 28

鶏手羽先のバターしょうゆ照り煮 …… 29

鶏ささみの包み焼き …… 30

レバーの赤ワイン煮 …… 34

砂肝ときのこのガーリック炒め …… 35

レバーペースト …… 35

牛こま切れ肉のまとめ焼き バターしょうゆ …… 38

牛薄切り肉とトマトのバターソテー …… 39

細切り牛肉のバター味噌炒め …… 42

牛挽き肉と玉ねぎのバターオムレツ …… 43

シェパーズパイ …… 44

ビーフステーキ レモンバター …… 46

魚介とバター

鮭のムニエル アーモンドバターソース …… 50

甘塩鱈のブールノワゼット …… 51

あさりの焦がしバター蒸し …… 53

海老のトマトバター煮 …… 56

蛸と白いんげん豆のバター煮 …… 57

牡蠣のカレームニエル …… 58

ホタテのバターパン粉焼き …… 60

いかのアジアンバターソテー …… 62

カジキのセロリポン酢バターソテー …… 63

鯛のクリームバターモンテソース …… 64

海老のアンチョビバターモンテソース …… 65

鮭のレモンバターモンテソース …… 65

サーモンのリエット …… 67

タラマ …… 67

料理を始める前に

● 小さじ1は5㎖、大さじ1は15㎖、1カップは200㎖です。● ごく少量の調味料の分量は「少々」または「ひとつまみ」としています。「少々」は親指と人差し指でつまんだ分量で、「ひとつまみ」は親指と人差し指、中指でつまんだ分量になります。「適量」はちょうどよい分量、「適宜」は好みで入れなくてもよいということです。● 野菜類は特に指定のない場合は、洗う、むくなどの作業を済ませてからの手順です。特に指示のない場合は、その作業をしてから調理してください。● 調味料類は特に指定していない場合は、塩は天然塩を使用しています。細かい塩を使用する場合は、少し控えめの分量にしてください。こしょうは粗挽き黒こしょうを使用しています。● ワインは安価なものでかまいません。白ワインは辛口、赤ワインは渋みの少ないものがおすすめです。● オーブンはガスオーブンの温度、時間設定です。電気オーブンなどで、焼き色がつきにくい場合は、温度を10℃上げて設定し、焼き時間も様子を見ながら調整してください。● 電子レンジの加熱時間は600Wのものを使用した場合の目安です。500Wなら1.2倍を目安に、700Wなら0.8倍を目安に時間を調整してください。

手軽に楽しむ
バターのレシピ …… 86

食べるバター
「ブールアロマティゼ」…… 102

野菜とバター

ほうれん草と玉ねぎのバター煮 …… 70
バターラタトゥイユ …… 71
アスパラガスのオランデーズソース …… 73
熱々ドレッシングサラダ …… 74
大根のバター煮 …… 77
ひよこ豆のバター煮 …… 77
さつまいものオレンジ煮 …… 78
じゃがいものガレット …… 79
プチトマトのバターソテー …… 80
にんじんとナッツのバターソテー …… 80
ブロッコリーとソーセージのバター焼き …… 81
きのこのソテー …… 81
れんこんのじっくり焼き …… 83
長いものじっくり焼き …… 83
玉ねぎのじっくり焼き …… 83
なすのサブジ …… 85
かぼちゃのサブジ …… 85
カリフラワーのサブジ …… 85

卵とバター

エッグベネディクト …… 90
卵のバタークリームココット …… 91
トマトスクランブルエッグ …… 93
半熟卵のアンチョビバター …… 93

牛乳、粉とバター

ベシャメルソース …… 96
マカロニグラタン …… 97
野菜のグラタン …… 98
きのこのスフレ …… 99
クリームシチュー …… 101

スイーツとバター

レモンカード …… 106
クロワッサン・オ・ザマンド …… 106
りんごのキャラメリゼ …… 107
サブレ …… 110
マドレーヌ …… 111

meat &
butter

肉とバター

no. 001
豚もも肉ときのこの
バターワイン煮
→ p.10

no. 002
豚肩ロース肉と玉ねぎの
バター蒸し煮
→ p.11

no. 001

豚もも肉ときのこの
バターワイン煮

脂が少なくヘルシーで、ジューシーな豚もも肉。
バターの風味とコクで、ほどよい重さを出したレシピです。
きのこ類は何種類か合わせると、香り豊かになります。

材料　2人分
豚ももステーキ用肉（2cm厚さ）… 2枚（250〜300g）
　　塩 … 小さじ⅓
　　こしょう … 少々
　　薄力粉 … 適量
マッシュルーム … 1パック（100g）
しめじ … 1パック（100g）
白ワイン … ½カップ
バター … 10g
塩、こしょう … 各適量

作り方
1　豚肉は塩、こしょうで下味をつける。マッシュルームは石づきを落とし、4等分に切る。しめじも石づきを落とし、食べやすくほぐす。
2　豚肉に薄力粉を薄くはたきつける。フライパンにバターを入れ、中火にかける。溶けて泡立ってきたら豚肉を並べ、両面をさっと焼いて一度取り出す。焼く時間は3分ほど、完全に火が通っていなくてもよい。
3　2のフライパンにきのこ類を入れ、さっと炒める。白ワインを加えて強火にし、半量程度に煮詰める。
4　水½カップを加え、ひと煮立ちさせる。中火にして豚肉を戻し、ときどき裏返しながら、肉がかたくならないように2〜3分煮て、塩、こしょうで味を調える。

no. 002

豚肩ロース肉と玉ねぎのバター蒸し煮

豚肩ロース肉は煮てもかたくならないので、
煮込みに向いた部位です。
フライパンについた焦げは取らず、
バターの旨みとともに玉ねぎに吸わせて
おいしいソースに仕上げます。

材料　2人分
豚肩ロース肉（ブロック）… 400g
　塩 … 小さじ2/3
　こしょう … 少々
玉ねぎ … 2個
にんにく … 1かけ
バター … 10g
サラダ油 … 大さじ1/2
塩、こしょう … 各適量

作り方
1　豚肉は3cm角に切る。塩、こしょうをすり込み、できれば30分ほど置く。玉ねぎは薄切りにする。にんにくは芽を取り、薄切りにする。
2　フライパンを強めの中火にかけ、サラダ油を入れる。豚肉を並べ、表面にこんがり焼き色がつくまで焼き、一度取り出して火を止める。完全に火が通っていなくてもよい。
3　フライパンの余分な脂をペーパータオルで押さえて取り、バターを入れる。再度中火にかけ、溶けて泡立ってきたら、玉ねぎ、にんにくを入れる。しんなりするまで炒めたら、豚肉を戻し、水2/3カップを加える。蓋をし、沸いたら弱めの中火にして15〜20分蒸し煮にする。水がなくなりそうなら適宜足す。
4　蓋を外して全体を混ぜ、塩、こしょうで味を調える。

no. 003

豚ロース肉のソテー
オレンジソース

とろりと煮詰めた甘酸っぱいソースが豚肉にぴったりな一品。
オレンジとバターの甘みを引き締めるのは、レモンの酸味。
代わりにお酢を気持ち少なめにして加えてもよいでしょう。

材料　2人分

豚ロース厚切り肉 … 2枚（250〜300g）
　塩 … 小さじ⅓
　こしょう … 少々
オレンジの輪切り … 2枚（皮とワタを取る）
オレンジの搾り汁 … ⅓カップ
レモンの搾り汁 … 小さじ1〜1と½
バター … 10g
サラダ油 … 小さじ1
塩、こしょう … 各適量

作り方

1　豚肉は丁寧に筋切りしⓐ、塩、こしょうで下味をつける。
2　フライパンを強めの中火にかけ、サラダ油を入れる。しっかり熱くなったら、盛りつけ面を下にして豚肉を並べる。蓋をし、2分半ほど焼く。蓋を外して裏返し、そのまま1分半ほど焼いて一度取り出して火を止める。
3　フライパンの余分な脂をペーパータオルで押さえて取り、バターを入れる。再度中火にかけ、溶けて泡立ってきたら、オレンジの輪切りを入れる。さっとバターを絡め、オレンジとレモンの搾り汁を加えⓑ、弱火にして30秒〜1分軽く煮詰める。
4　塩、こしょうで味を調え、豚肉を戻してさっと温める。器に盛り、オレンジをのせ、ソースをかける。

ⓐ

ⓑ

13

no. 004

ポークソテー
味噌バターソース

意外なほどに和の調味料とも相性のよいバター。
梅バター、しょうゆバター、マスタードバター など、
ロース肉さえあれば、和風洋風と幅広くアレンジできるソテーです。

材料　2人分

豚ロースステーキ用肉
　… 2枚（250〜300g）
　塩、こしょう … 各少々
長ねぎ … 1本
サラダ油 … 小さじ1
【味噌バターソース】
　バター … 10g
　味噌 … 大さじ½
　みりん … 大さじ1
　酒 … 大さじ1

作り方

1 豚肉は丁寧に筋切りし、塩、こしょうで下味をつ
　ける。長ねぎは8㎜幅の斜め切りにする。バター
　以外の味噌バターソースの材料は混ぜておく。
2 フライパンを強めの中火にかけ、サラダ油を入れ
　る。しっかり熱くなったら、盛りつけ面を下にして
　豚肉を並べる。蓋をし、2分半ほど焼く。蓋を外
　して裏返し、そのまま1分半ほど焼いて一度取り
　出して火を止める。
3 フライパンの余分な脂をペーパータオルで押さえ
　取り、バターを入れる。再度中火にかけ、溶け
　て泡立ってきたら、長ねぎを入れる。焦がさない
　ようにしんなりするまで炒める。
4 1のソースを加え、豚肉を戻してさっと温める。
　器に盛り、ソースをかける。

arranged sauce

アレンジバターソースを紹介します。
「梅バター」と「しょうゆバター」は肉の下味は少し控えめにしてください。

【梅バター】　　　　バター10gをフライパンに入れて中火にかけ、泡立ってきたら、
　　　　　　　　　　水大さじ2、梅干し1個（種を取ってペースト状にたたいたもの）
　　　　　　　　　　を入れて軽く煮立たせる。

【しょうゆバター】　バター10gをフライパンに入れて中火にかけ、泡立ってきたら、
　　　　　　　　　　水大さじ2、しょうゆ大さじ½を入れて軽く煮立たせる。

【マスタードバター】バター10gをフライパンに入れて中火にかけ、泡立ってきたら、
　　　　　　　　　　水大さじ2、粒マスタード大さじ1を入れて軽く煮立たせる。

no. 004

no. 005

豚もも肉のカツレツ ミラノ風

バターだけではくどく、サラダ油だけでは風味の足りないカツレツは
揚げ立てに熱々の溶かしバターをまとわせ、バターの風味を効かせます。
溶き卵は絡めてしばらく置いてなじませると、揚げている最中も衣がはがれにくくなります。

材料　2人分

豚ももひと口かつ用肉 … 250g
　　こしょう … 少々
　　卵 … 1個
パン粉（細挽き）… ½カップ
パルメザンチーズ … 大さじ2
バター … 10g
サラダ油 … 適量
レモン … ½個
パセリ … 適量

作り方

1 卵は溶きほぐす。パン粉にパルメザンチーズを混ぜておく。
2 豚肉はラップで挟み、麺棒でたたいて5mm厚さにする。こしょうをふり、1の溶き卵を絡めて5分ほど置く。卵を軽くぬぐい、チーズの入ったパン粉をつけ、手でしっかり押さえる。
3 フライパンにサラダ油を高さ1cmほど入れ、中温（170℃前後）に温める。2を入れ、からりと両面を4分ほど揚げ、油をきって器に盛る。
4 小鍋にバターを入れ、中火にかける。溶けて泡立ってきたら、3にまんべんなくかけ、レモン、パセリを添える。

no. 006

豚ヒレ肉のピカタ

オリーブオイルでソテーするピカタをあえてバターで。
きめ細かい豚ヒレ肉に香ばしい衣をつけ、
トマトの酸味のソースで軽やかにまとめます。

材料　2人分
豚ヒレ肉（ブロック）… 250〜300g
　塩、こしょう … 各少々
　薄力粉 … 適量
卵 … 1個
パルメザンチーズ … 大さじ1と½
パセリのみじん切り … 大さじ½
バター … 10g
【 トマトソース 】
　トマト水煮缶（カットタイプ）
　　… ½缶（200g）
　玉ねぎ … ⅛個
　にんにく … ½かけ
　オリーブオイル … 大さじ½
　塩 … 小さじ¼

作り方
1　トマトソースを作る。玉ねぎとにんにくはみじん切りにする。鍋を中火にかけ、オリーブオイルを入れる。温まったら、玉ねぎとにんにくを入れ、1分ほど炒めて缶詰のトマトを加える。沸いてきたら火を弱め、5分ほど煮て、塩で味を調える。
2　ボウルに卵を割りほぐし、パルメザンチーズ、パセリを加えてよく混ぜる。豚肉は大きめのひと口大に切る。塩、こしょうで下味をつけ、薄力粉を薄くはたきつける。
3　フライパンにバターを入れ、中火にかける。バターが溶けて泡立ってきたら、豚肉に2の卵液を絡め、フライパンに並べる。弱火にして蓋をし、2〜3分焼く。蓋を外し、裏返してさらに2〜3分焼く。焼き色が薄いようであれば仕上げに中火にして、軽く色をつける。
4　器に1のトマトソースをよそい、ピカタをのせる。

no. 007

豚挽き肉の水餃子 オイスターバターソース

れんこんの食感とパクチーの香りがアクセントの水餃子。
エスニックな味をまとめるのはオイスターバターソース。
いつもの餃子を趣向を変えて楽しみます。

材料　20個分

【あん】
　豚赤身挽き肉 … 200g
　れんこん … 50g
　パクチーの軸 … 25g
　酒 … 大さじ1
　塩、こしょう … 各少々
餃子の皮（大） … 20枚
パクチーの葉 … 適量
【オイスターバターソース】
　バター … 10g
　オイスターソース … 大さじ½

作り方

1　あんを作る。れんこんは粗みじん切り、パクチーの軸は5mm幅に切る。ボウルに挽き肉、酒、塩、こしょうを入れて混ぜる。れんこん、パクチーの軸を加え、均一になるまで混ぜる。

2　餃子の皮に1の1/20量をのせる。縁に水をつけて半月形に包み、水をつけた端同士をくっつけて形作る。残りも同様に包む。

3　オイスターバターソースを作る。耐熱容器にバターを入れ、600Wの電子レンジに30秒かける。溶かしたバターにオイスターソースを加え、しっかり混ぜる。

4　鍋にたっぷり湯を沸かし、沸いたら2を入れ、浮き上がってくるまで2〜3分茹でる。湯をしっかりきって器に盛り、パクチーの葉をのせ、ソースをかける。

no. 008

no. 008

鶏むね肉のブールノワゼット

さっとソテーしただけの鶏むね肉を
おいしくするのは、もちろんバター。
焦がしてからレモンの酸味とケッパーの塩気で
パンチを加えて仕上げます。
鱈や、いか、海老など、
淡白な素材を生かすソースです。

材料　2人分
鶏むね肉（皮なし）… 1枚（250g）
　塩 … 小さじ⅓
　こしょう … 少々
　薄力粉 … 適量
レモンの搾り汁 … 大さじ1
パセリのみじん切り … 大さじ1
ケッパーの粗みじん切り … 大さじ1弱
バター … 10g
サラダ油 … 大さじ1

作り方
1　鶏肉は縦半分に切り、それぞれ横から大きく切り込みを入れ、開く。ラップで挟み、麺棒で軽くたたいて8mm厚さにし、塩、こしょうで下味をつける。レモンの搾り汁は水大さじ1と混ぜておく。
2　鶏肉に薄力粉を薄くはたきつける。フライパンを中火にかけ、サラダ油を入れる。十分に温まったら鶏肉を並べ、両面を3〜4分焼く。焼き過ぎないように火を通し、器に盛る。
3　フライパンをさっと洗い、水気をふく。バターを入れて中火にかけ、溶けて泡立ち、茶色く色づいてきたらⓐ、1のレモンの搾り汁を加えて火を止め、パセリとケッパーを手早く混ぜⓑ、2にかける。

ⓐ

ⓑ

no. 009

蒸し鶏むね肉の
バタードレッシング

しっとりとやわらかく火の通った鶏むね肉に
ハーブを効かせた、コクのあるバタードレッシングの組み合わせ。
ハーブは数種類合わせて使うと、調和が取れてよりおいしくなります。

材料　2人分

鶏むね肉（皮なし）… 1枚（250g）
　塩 … 小さじ1/3
　こしょう … 少々
白ワイン（または酒）… 大さじ2
好みのサラダ野菜（トレビスなど）… 適量
【 バタードレッシング 】
　バター … 10g
　ワインビネガー … 大さじ1弱
　ハーブの粗刻み（ディル、チャービル、
　　イタリアンパセリなど）… 1/4カップ
　塩、こしょう … 各適量

作り方

1　鶏肉は塩、こしょうをすり込む。フライパンに白ワインと水1/3カップを入れ、鶏肉を置く。蓋をして中火にかけ、沸いてきたら蓋を外し、裏返す。

2　再度蓋をして弱めの中火にし、5分ほど加熱して火を止める。そのまま粗熱が取れるまで置く。

3　粗熱が取れたら、蒸し鶏を食べやすい大きさに裂き、サラダ野菜とともに器に盛る。

4　バタードレッシングを作る。耐熱容器にバターと鶏肉の蒸し汁大さじ1を入れ、600Wの電子レンジで30秒加熱し、バターを溶かすⓐ。ワインビネガーとハーブを加えて混ぜⓑ、塩、こしょうで味を調えて3にかける。

ⓐ

ⓑ

no. 009

no.010

鶏むね肉のキエフ風カツレツ

カツレツにエスカルゴバターを忍ばせたサクサクのキエフ風カツレツ。揚げ立てを切れば、じゅわ〜っとバターが溶け出します。エスカルゴバターはステーキに添えたり、ガーリックトーストに使っても。

材料　2人分
鶏むね肉（皮なし）… 大1枚（300g）
　塩 … 小さじ⅓
　こしょう … 少々
薄力粉 … 適量
溶き卵 … ½個分
パン粉（細挽き）… 50g
揚げ油 … 適量
【 エスカルゴバター 】
　バター … 20g
　パセリのみじん切り … 大さじ1
　にんにくのみじん切り … 小さじ⅓
　レモンの搾り汁 … 小さじ1
　こしょう … 少々

作り方
1　エスカルゴバターを作る。バターは室温に戻してやわらかくし、残りの材料と混ぜる。ラップで棒状に包んで冷蔵庫で冷やしかためておく。
2　鶏肉は縦半分に切り、それぞれ横から大きく切り込みを入れ、開く。ラップで挟み、麺棒で軽くたたいて8mm厚さにする。塩、こしょうで下味をつけ、2等分にしたエスカルゴバターを鶏肉にのせ、すき間ができないようにしっかり包み込むⓐ。
3　薄力粉大さじ2、溶き卵、水大さじ1と½を混ぜる。2に薄く薄力粉をはたきつけ、卵液にくぐらせ、パン粉をつけて手でしっかり押さえる。
4　鍋に揚げ油を入れ、3の閉じ目を下にしてそっと入れる。油は被る程度でよい。
5　中火にかけ、3〜4分触らずにそのまま揚げる。表面がしっかりかたまってきたら、ときどき裏返し、さらにこんがり揚げ色がつくまで5〜6分揚げる。

ⓐ

no. 010

no. 011
鶏もも肉のバターチキンカレー

香味野菜とバターが交わり、深いコクを生み出します。
少しのバターを使うだけなのに、バターの風味がたっぷり。
鶏肉も炒めず、マリネ液ごと加えることで、
コクはあるけど、軽さのあるカレーに仕上がります。

材料　作りやすい分量

- 鶏もも肉 … 大1枚（300g）
  - 塩 … 小さじ½
  - こしょう … 少々
- A
  - プレーンヨーグルト … 1カップ
  - トマトケチャップ … 大さじ1
  - カレー粉 … 大さじ1
  - パプリカパウダー … 大さじ½
  - しょうがのすりおろし … 小さじ2
  - にんにくのすりおろし … 小さじ1
- 玉ねぎ … ½個
- にんにく … 1かけ
- カレー粉 … 大さじ1
- トマト水煮缶（カットタイプ）… 1缶（400g）
- バター … 10g
- サラダ油 … 大さじ1
- 塩、こしょう … 各適量
- 生クリーム … 適宜

作り方

1　鶏肉はひと口大に切り、塩、こしょうをすり込む。Aの材料をポリ袋に入れて混ぜ、鶏肉を加えてよく絡める。冷蔵庫で1時間〜ひと晩置く。

2　玉ねぎはみじん切りにする。にんにくも芽を取り、みじん切りにする。鍋を弱めの中火にかけ、サラダ油を入れる。温まったら玉ねぎ、にんにくを入れ、5分ほど炒める。カレー粉を加えてさっと炒め、缶詰のトマト、塩小さじ1を加え、煮立ったら弱火にして5分ほど煮る。

3　1をマリネ液ごと2に加えて弱火にし、蓋をする。ときどき混ぜながら15分ほど煮て、バターを加える。塩、こしょうで味を調えて器に盛り、好みで生クリームをかける。

no. 012

鶏手羽元のレモンバター煮

蒸し煮にしながら、レモンとバターの香りを手羽元に染み込ませます。
レモンと玉ねぎだけでは、少々あっさり仕上がりますが、
バターで少し深みを足すだけで、ぐっとおいしく仕上がります。

材料　2人分
鶏手羽元 … 6本
　塩 … 小さじ⅓
　こしょう … 少々
玉ねぎ … ½個
レモンの輪切り（国産）… 2枚
レモンの搾り汁 … 大さじ1
白ワイン … ½カップ
バター … 10g
塩、こしょう … 各適量

作り方
1　手羽元は塩、こしょうをすり込む。玉ねぎは薄切りにする。
2　フライパンにバターを入れ、中火にかける。溶けて泡立ってきたら、玉ねぎを入れ、しんなりするまで焦がさないように炒める。手羽元、レモンの輪切り、白ワイン、水⅓カップを加え、蓋をして10分ほど蒸し煮にする。
3　蓋を外し、レモンの搾り汁を加える。火を強めて余分な水分を飛ばし、塩、こしょうで味を調える。

no. 012

no. 013

鶏手羽先のバターしょうゆ照り煮

バターを入れることで、みりんだけでは出ない甘みと照りを。
調味料もシンプルで、さっと作れるのが嬉しいレシピです。
おかずはもちろん、煮汁を飛ばして仕上げるのでお弁当にも。

材料　2人分
鶏手羽先 … 6本
A｜バター … 10g
　｜酒 … 大さじ2
　｜みりん … 大さじ2
　｜しょうゆ … 大さじ1
こしょう … 適量

作り方
1　フライパンにA、水1/3カップを入れ、中火にかける。煮立ってきたら手羽先を入れて蓋をし、3分ほど煮る。手羽先を裏返し、さらに2分ほど煮る。
2　蓋を外し、火を強めて煮汁を飛ばすように照り煮にする。
3　器に盛り、こしょうをたっぷりふる。

no. 013

no. 014

鶏ささみの包み焼き

バターの包み焼きは好みの香りや塩気、
酸味を合わせて楽しむレシピ。
バターの風味があることで、
優しくまとまった味わいになります。
ささみの下に玉ねぎやきのこなど、
好みの野菜を敷いてボリュームを出しても。

材料　2人分
鶏ささみ … 大3本（200g）
　塩、こしょう … 各少々
バリエーション
a.〚 カレーバター 〛
　（バター10g＋カレー粉小さじ½＋クミンシード小さじ1弱）
b.〚 柚子こしょうバター 〛
　（バター10g＋柚子こしょう小さじ1弱）
c.〚 粒マスタードバター 〛
　（バター10g＋粒マスタード小さじ2）
d.〚 ブルーチーズバター 〛
　（バター10g＋ブルーチーズ20g）
e.〚 コチュジャンバター 〛
　（バター10g＋コチュジャン小さじ1強）

●オーブンを200℃に温めておく。

作り方
1　ささみは筋を取る。1本を3〜4切れの斜め切りにし、塩、こしょうで下味をつける。バターは室温に戻してやわらかくし、好みのバリエーション素材を混ぜ込む。
2　オーブン用シートにささみを置いて1のバターを表面にのせ、しっかり密封できるように口を閉じる。
3　温めたオーブンに入れ、7分ほど焼く。電子レンジの場合は、ひと包みあたり600Wで3分加熱する。

no. 014

a.
b.
c.
d.
e.

no. 015
レバーの赤ワイン煮
→ p.34

no. 016
砂肝ときのこの
ガーリック炒め
→ p.35

no. 017
レバーペースト
→ p.35

no. 015

レバーの赤ワイン煮

レバーは張りがあり、プリッとしていて、
濁りのない色味のものを選ぶと、新鮮です。
バターがレバーの苦みを軽くし、口当たりをよくしてくれます。

材料　作りやすい分量

鶏レバー … 300g
　塩 … 小さじ½
　こしょう … 少々
赤ワイン … ½カップ
はちみつ … 小さじ1
バルサミコ酢 … 大さじ½
バター … 10g
塩、こしょう … 各適量

作り方

1　レバーは筋や脂を取り、半分に切る。被る程度の牛乳、もしくは水に10分ほど浸す。血合いが出るように手で軽く混ぜてさっと水洗いし、さらに水でゆすぐ。ペーパータオルに取って水気をしっかりふき取り、塩、こしょうで下味をつける。

2　フライパンにバターを入れ、強めの中火にかける。溶けて泡立ち、少し色がつき始めたらレバーを入れる。全体を混ぜ、軽く焼き色がつくまで炒める。

3　赤ワイン、はちみつを加え、強火にしてワインを沸かし、沸いたら中火にしてときどき混ぜながら、ワインが半量になるまで3分ほど煮る。

4　バルサミコ酢を加え、さらに3分ほど煮る。火を強めて煮汁をほどよく煮詰め、とろりとしたら塩、こしょうで味を調える。冷蔵庫で4〜5日保存可能。

no. 016

砂肝ときのこのガーリック炒め

コリコリした食感の砂肝は、ワインのおつまみにも最適。
意外に水分があるので、しっかり水分を飛ばしながら焼き、
旨みを凝縮させてこんがりさせるとおいしく仕上がります。

ⓐ

材料　2人分

砂肝 … 300g
　塩、こしょう … 各少々
しめじ … 1パック（100g）
しいたけ … 1パック（100g）
にんにく … 1かけ
小ねぎ … 2本
バター … 10g
塩、こしょう … 各適量

作り方

1　砂肝は半分に切る。周りの薄い部分が多いようであれば、切り落とす。それぞれに5mm間隔で切り込みを入れ、さらに半分に切るⓐ。きのこ類は石づきを落とし、しめじは小房に分け、しいたけは2〜3等分に切る。にんにくは芽を取ってみじん切り、小ねぎは小口切りにする。

2　フライパンにバターを入れ、中火にかける。溶けて泡立ってきたら、にんにく、砂肝、きのこ類を入れる。ときどき混ぜながら砂肝に火が通り、砂肝ときのこの水分が飛んでからりとなるまで5〜7分炒める。

3　塩、こしょうで味を調えて器に盛り、小ねぎを散らす。

no. 017

レバーペースト

ワイン、にんにく、ローリエの香りと風味を
蒸しながらレバーに染み込ませて作る、レバーペースト。
バターを加えることでなめらかな舌触りになります。

材料　作りやすい分量

鶏レバー … 正味200g
　（ハツは取り除く）
にんにく … 小1かけ
ローリエ … 1枚
白ワイン … ⅓カップ
バター … 30g
生クリーム（乳脂肪40％以上）
　… ¼カップ
サラダ油 … 小さじ1
塩、こしょう … 各適量

作り方

1　レバーは筋や脂を取り、1cm幅に切る。被る程度の牛乳、もしくは水に10分ほど浸す。血合いが出るように手で軽く混ぜてさっと水洗いしてさらに水でゆすぎ、ペーパータオルに取って水気をしっかりふき取る。にんにくはたたいてつぶす。

2　フライパンを中火にかけ、サラダ油を入れる。1、ローリエを入れてさっと炒め、白ワインを加えて蓋をする。5分ほど蒸し煮にしたら、火を止めてそのまま冷ます。

3　2が完全に冷めたら、ローリエを取り除く。やわらかく室温に戻したバターとともにフードプロセッサーに入れ、なめらかになるまで攪拌する。生クリームを加え、さらにペースト状に仕上げ、塩、こしょうで味を調える。冷蔵庫で4〜5日保存可能。

no. 018
牛こま切れ肉のまとめ焼き
バターしょうゆ
→ p.38

no. 019
牛薄切り肉と
トマトのバターソテー
→ p.39

no. 018

牛こま切れ肉のまとめ焼き バターしょうゆ

牛こま切れ肉をオーブンでミディアムに火を通します。
くるみの食感に、香味野菜で爽やかな風味をプラスして
しょうがバターで和風にまとめた新しい楽しみ方です。

材料　2人分

牛こま切れ肉 … 200g
　塩 … 小さじ1/3
　こしょう … 少々
みょうが … 2個
青じそ … 5枚
小ねぎ … 2本
くるみ … 20g
しょうがのみじん切り … 小さじ1
バター … 10g
しょうゆ … 小さじ1

●オーブンを200℃に温めておく。

作り方

1　みょうがは輪切り、青じそは粗くちぎり、小ねぎは2cm幅に切り、合わせて混ぜておく。くるみは粗く刻む。
2　天板にオーブン用シートを広げ、牛肉を2等分にして広げる。それぞれに塩、こしょうをふり、くるみを散らし、ふんわり包み込むようにドーム状にするⓐ。
3　温めたオーブンに入れ、5分を目安にミディアム程度に焼く。フライパンで両面こんがりさっと焼き上げてもよい。焼けたら、器に盛って薬味を散らす。
4　小鍋にバターとしょうがを入れ、中火にかける。溶けて泡立ってきたら、しょうゆを加え、全体が混ざったら3にかける。

ⓐ

no. 019

牛薄切り肉とトマトのバターソテー

トマトの酸味とバターのコクを合わせたソテー。
安価な切り落とし肉もバターのコクをプラスするだけで、
ワンランクアップの牛肉に変身します。

材料　2人分
牛切り落とし肉 … 150g
　塩 … 小さじ¼
　こしょう … 少々
トマト … 中2個（300g）
バター … 10g
サラダ油 … 小さじ1
塩、こしょう … 各適量

作り方
1　牛肉は食べやすい大きさに切り、塩、こしょうをもみ込む。トマトはヘタを取り、8等分のくし形に切る。
2　フライパンを強めの中火にかけ、サラダ油を入れる。牛肉を入れて広げ、触らず、軽く焼き色がついたら、一度器に取り出す。焼き目はつけるが、完全に火を通さない。
3　フライパンにバターを入れ、再度中火にかける。溶けて泡立ってきたら、トマトを軽く炒め、塩、こしょうで味を調える。牛肉を戻し、さっと炒め合わせて器に盛る。

no. 020
細切り牛肉の
バター味噌炒め
→ p.42

no. 021
牛挽き肉と玉ねぎの
バターオムレツ
→ p.43

no. 020

細切り牛肉のバター味噌炒め

野菜と一緒にモリモリ食べたいバター味噌炒めは、
豪快に大きなレタスの葉で包んでも。
甘辛味なので白ごはんも進むおかずです。

材料　2人分
牛焼き肉用肉 … 200g
にんにくのみじん切り … 小さじ½
しょうがのみじん切り … 小さじ1
ピーナッツの粗刻み … 大さじ2
バター … 10g
味噌 … 大さじ1
砂糖 … 大さじ½
紅芯大根（または大根、サラダ野菜）… 適量

作り方
1　牛肉は5〜7mm幅に切る。
2　フライパンにバター、にんにく、しょうがを入れ、
　　中火にかける。バターが溶けて泡立ってきたら、
　　牛肉を入れてほぐすように炒める。表面の色があら
　　かた変わったら、味噌、砂糖を加えて絡めるよう
　　に炒める。仕上げにピーナッツを加え、全体を炒
　　め合わせる。
3　薄く半月形に切った紅芯大根を器に敷き、2を盛る。

no. 021
牛挽き肉と玉ねぎのバターオムレツ

炒めた挽き肉をたっぷり卵で包んだ、家庭の洋食。
少しのバターを効かせて甘い香りに仕上げます。
挽き肉は薄力粉を加えて炒めることで、包みやすくなります。

材料　2人分
牛挽き肉 … 100g
玉ねぎ … 1個
薄力粉 … 小さじ1
卵 … 3個
牛乳 … 大さじ1
バター … 10g
サラダ油 … 小さじ1
塩、こしょう … 各適量
ケチャップ … 適宜

作り方
1　玉ねぎはみじん切りにする。ボウルに卵を割りほぐし、塩2つまみ、こしょう少々、牛乳を加えてしっかり混ぜる。
2　フライパンを中火にかけ、サラダ油を入れる。1の玉ねぎを入れ、しんなりするまで3分ほど炒めてフライパンの端に寄せる。火を強めの中火にし、挽き肉を加えて炒める。色が変わったら、玉ねぎと炒め合わせ、塩小さじ½、こしょう少々で味を調える。薄力粉を全体にふり入れて混ぜ、少しとろりとしたら取り出す。
3　フライパンをさっと洗って水気をふき、バターを入れて中火にかける。溶けて泡立ったら、卵液を入れ、周りがぶくぶくしてきたら大きく混ぜる。半熟になったら中央に2をのせる。両端を折り畳むように形作り、フライパンを返すようにして器に盛る。好みでケチャップをかける。

no. 022

シェパーズパイ

じゃがいもは茹で立ての熱々をつぶすことで粘らず、なめらかに。
マッシュポテトで蓋をしたパイは、
オーブンで焼くと、バターの香りが立ち上ります。

材料　2〜3人分（直径25cm程度のグラタン皿）

牛挽き肉 … 250g	ウスターソース … 小さじ1
玉ねぎ … ½個	オリーブオイル … 大さじ½
にんにく … 小1かけ	塩、こしょう … 各適量
にんじん … ½本	【マッシュポテト】
トマト水煮缶（カットタイプ）	じゃがいも（できればメークイン）… 3個（400g）
… ½缶（200g）	バター … 10g
ローリエ … 1枚	牛乳 … ¼カップ
タイム … 少々	生クリーム（乳脂肪40％以上）… 大さじ3
シナモンパウダー … 少々	塩、こしょう … 各適量

●焼く頃合を見計らい、オーブンを200℃に温めておく。

作り方

1 玉ねぎはみじん切り、にんにくも芽を取ってみじん切り、にんじんはすりおろす。

2 フライパンを中火にかけ、オリーブオイルを入れる。1の野菜を入れて3分ほど炒めたら、端に寄せて挽き肉を加える。火を強めの中火にして炒め、色が変わったら野菜と炒め合わせ、塩小さじ1/3、こしょう少々を加える。缶詰のトマト、ローリエ、タイム、シナモンパウダー、ウスターソースを加えて沸いたら弱火にし、ときどき混ぜながら10分ほど煮て、塩、こしょうで味を調える。

3 マッシュポテトを作る。じゃがいもは皮をむき、1.5cm厚さに切り、やわらかく茹でて湯をきる。ボウルに移し、熱いうちにマッシャーなどでなめらかになるまでつぶす。同じ鍋にバター、牛乳、生クリームを入れ、弱火にかける。バターが溶けたら火を止め、つぶしたじゃがいもを加え、均一になるまで混ぜ、塩、こしょうで味を調える。

4 グラタン皿に2を敷き詰め、マッシュポテトを被せる。表面を平らにならし、フォークの先で模様を描き、温めたオーブンでこんがり焼き目がつくまで15〜20分焼く。

no. 023

ビーフステーキ レモンバター

意外に味のバリエーションが少ないビーフステーキも、
バターに和の調味料を合わせることで新しい味が広がります。
おいしく焼くコツは、焼き目がつくまで触らないことだけ。

材料　2人分
牛赤身ステーキ用肉
　（1.5cm厚さ）… 2枚
　塩、こしょう … 各適量
サラダ油（または牛脂）… 大さじ½
クレソン … 適宜
【 レモンバター 】
　バター … 10g
　レモンの搾り汁 … 小さじ1
　レモンの皮のすりおろし（国産）
　　… 適量
　パセリのみじん切り … 適量

作り方
1　レモンバターを作る。バターは室温に戻してやわらかくし、残りの材料と混ぜる。
2　牛肉は冷蔵庫から取り出し、15分ほど室温に置く。焼く直前に両面に塩、こしょうで下味をつける。
3　フライパンを強めの中火にかけ、サラダ油を薄煙が立つくらい十分に熱し、牛肉を並べる。30秒ほどたったら中火にし、そのまま決して触らずに焼く。1分半ほど焼いて裏返し、さらに1分半ほど焼く。
4　器にステーキを盛り、レモンバターをのせてこしょう（分量外）をふり、好みでクレソンを添える。

arranged sauce

アレンジバターソースを紹介します。
室温に戻してやわらかくしたバターに混ぜ込みます。

【 わさびバター 】
バター10gに練りわさび小さじ1弱を混ぜる。

【 味噌山椒バター 】
バター10gに味噌小さじ1、粉山椒適量を混ぜる。

【 ガーリックバター 】
バター10gににんにくのすりおろし極少量を混ぜる。

no. 024
鮭のムニエル
アーモンドバターソース
→ p.50

seafood & butter 魚介とバター

no. 025
甘塩鱈のブールノワゼット
→ p.51

no. 024

鮭のムニエル アーモンドバターソース

焦がしバターとアーモンドが香ばしいムニエルは、
クラシックな組み合わせを楽しむフレンチの定番料理。
脂の少ない鮭、舌びらめなどを選ぶとソースが引き立ちます。

材料　2人分
生鮭＊ … 2切れ（200〜250g）
　塩 … 小さじ2/3
　こしょう … 少々
　薄力粉 … 適量
スライスアーモンド … 20g
レモンの搾り汁 … 大さじ1/2
バター … 10g
サラダ油 … 大さじ1/2
＊鮭は脂ののったものを避ける。

作り方
1　鮭に塩をすり込み、10分ほど置く。さっと水洗いし、ペーパータオルで水気をふき取る。こしょうをふり、薄力粉を薄くはたきつける。
2　フライパンを中火にかけ、サラダ油を入れる。温まったら1を入れ、1分半ほど焼く。裏返し、さらに1分半ほど焼く。さらにきれいな焼き色がつくように1分ほど焼いて火を通し、器に盛る。
3　フライパンの余分な油をペーパータオルで押さえて取り、バターを入れる。バターが溶けて泡立ってきたら、スライスアーモンドを入れる。木ベラなどで混ぜながら、薄い茶色に色づくまで炒める。
4　色づいたアーモンドを鮭にのせ、フライパンに残ったバターもかけ、仕上げにレモンの搾り汁をかける。

no. 025

甘塩鱈の
ブールノワゼット

焦がすだけで味が変わるバターは魔法の調味料。
味が濃厚になり、あっさりした魚や肉も
パンチのある料理になります。
生鱈で作る場合は、左ページの生鮭と
同じ要領で下処理し、薄力粉をまぶします。

材料　2人分

甘塩鱈 … 2切れ（200〜250g）
　白ワイン … 大さじ1
　こしょう … 適量
白ワイン … 1/3カップ
バター … 10g

作り方

1　鱈は白ワインをふり、5分ほど置く。さっと水洗いし、ペーパータオルで水気をふき取り、こしょうをふる。
2　フライパンに1、白ワイン、水1/3カップを入れる。蓋をして中火にかけ、沸いてきたらそのまま3分ほど加熱する。鱈を取り出し、ペーパータオルにのせて汁気をきり、器に盛る。残った蒸し汁は大さじ2杯程度になるまで煮詰めて別容器に一度取り出す。
3　2のフライパンをさっと洗い、水気をふく。バターを入れて中火にかけ、溶けて泡立ち、茶色に色づいてきたら煮詰めた煮汁を加えて手早く混ぜ、鱈にかける。

no. 026

あさりの焦がしバター蒸し

水分を加えないので、濃厚なバターの味と貝の旨みが楽しめます。
加えるしょうゆは、本当に香りづけ程度で十分。
小ねぎの代わりにパセリを使えば、洋風の仕上がりになります。

材料　2人分
あさり … 400g
バター … 10g
しょうゆ … 少々
小ねぎ … 適量

作り方

1　あさりは海水程度（3％）の塩水に2〜3時間浸し、砂抜きをする。その後きれいな水の中で殻をこすり合わせるように洗い、ざるに上げて水気をきる。
2　フライパンにバターを入れ、中火にかける。溶けて泡立ち、茶色に色づいてきたらあさりを入れて蓋をする。フライパンを揺すりながらあさりの口が開くまでそのまま加熱する。
3　蓋を外し、香りづけ程度にしょうゆを加え、全体を混ぜる。器に盛り、小口切りにした小ねぎを散らす。

no. 027
海老のトマトバター煮
→ p.56

no. 028
蛸と白いんげん豆の
バター煮
→ p.57

no. 027

海老のトマトバター煮

あえて缶詰のトマトはオリーブオイルで、海老はバターで調理します。
バターの香りを染み込ませた海老は、
トマトと合わせても、しっかりとコクと香りが前に出てきます。

材料　2人分

海老（無頭）
　　… 大6～8尾（180g）
　　片栗粉 … 小さじ1
　　塩、こしょう … 各適量
玉ねぎ … ½個
にんにく … 小1かけ
トマト水煮缶（カットタイプ）
　　… ½缶（200g）
パプリカパウダー … 小さじ1
カイエンヌペッパー
　　（または一味唐辛子）… 少々
バター … 10g
オリーブオイル … 大さじ1

作り方

1　海老は殻をむき、背ワタを取る。片栗粉を混ぜた少量の水で海老をもみ洗いする。水が灰色になったら、水洗いしてペーパータオルで水気をふき取り、塩、こしょうで下味をつける。玉ねぎはみじん切りにする。にんにくも芽を取り、みじん切りにする。

2　鍋にオリーブオイルを入れ、中火にかける。温まったら、玉ねぎ、にんにくを入れてさっと炒める。缶詰のトマトを加えて弱火にし、5分ほど煮て、塩少々（分量外）で味を調える。

3　フライパンにバターを入れ、中火にかける。溶けて泡立ってきたら、海老を入れ、両面に軽く焼き色がつくようにさっと焼く。

4　2のトマトソースを加えて全体を混ぜ、パプリカパウダー、カイエンヌペッパーを加え、ひと煮立ちさせる。海老に火が通ったら器に盛り、好みでパプリカパウダー（分量外）をふる。

no. 028

蛸と白いんげん豆のバター煮

煮込みにしてもおいしい蛸ですが、今回は温める程度で仕上げます。
蛸の旨みを全体に行き渡らせ、プリッとさせる程度の火の通し方。
通常オリーブオイルで作る料理ですが、
バターを使うことで、少しの火入れでコクと深みが増します。

材料　2人分

茹で蛸 … 150g
白いんげん豆水煮缶
　… 1缶(正味240g)
玉ねぎ … 1/3個
にんにく … 小1かけ
白ワイン … 1/3カップ
バター … 10g
塩、こしょう … 各適量
タイム … 適宜

作り方

1　蛸はぶつ切りにする。白いんげん豆はざるにあけ、さっと水ですすいで表面のぬめりを取る。玉ねぎはみじん切りにする。にんにくも芽を取り、みじん切りにする。

2　鍋にバターを入れ、中火にかける。溶けて泡立ってきたら、玉ねぎとにんにくを入れてさっと炒める。白ワインを加えて煮立て、半量程度に煮詰める。白いんげん豆と水1/2カップ、塩小さじ1/3、こしょう少々、好みでタイム1枝を加える。煮立ったら弱火にし、煮汁が煮詰まるまで5分ほど煮る。

3　2に蛸を加えて全体を混ぜ、蛸がかたくならない程度にさっと煮て、塩、こしょうで味を調える。

no. 029

牡蠣のカレームニエル

生食用の牡蠣は洗浄されていて、旨みが抜けています。
火を通す調理の際は、加熱用を使うほうがおすすめです。
菜箸で持ち上げた際に
身がプリッとしていれば、火が通っている証拠。
バターとカレーの風味は、バゲットにのせて食べても美味。

材料　2人分
牡蠣（加熱用）… 大8～10個（250g）
　片栗粉 … 小さじ2
カレー粉 … 小さじ½
薄力粉 … 適量
バター … 10g
塩、こしょう … 各適量

作り方
1　牡蠣は片栗粉を混ぜた少量の水でもみ洗いする。水が灰色になったら、水洗いしてペーパータオルで水気をふき取る。
2　牡蠣にカレー粉をまんべんなくまぶし、薄力粉を薄くはたきつける。
3　フライパンにバターを入れ、中火にかける。バターが溶けて泡立ってきたら、2を入れる。触らず1分ほど焼き、裏返してさらに1分ほど焼き、さらにきれいな焼き色がつくように1分ほど焼いて牡蠣に火を通す。軽く塩、こしょうをして味を調え、器に盛る。

no. 029

no. 030

ホタテのバターパン粉焼き

バターが染み込んだパン粉は焼くだけでサックサク。
揚げずに、揚げ物を楽しめる手法です。
さっと焼いたラム肉や、海老などにのせても。

材料　2人分

ホタテ貝柱 … 大6個（150g）
　塩、こしょう … 各適量
サラダ油 … 小さじ1
好みのサラダ野菜
　（サラダ菜など）… 適量
【バターパン粉】
　バター … 10g
　パン粉 … 大さじ2
　パセリのみじん切り … 大さじ½
　にんにくのみじん切り … 小さじ½

作り方

1. バターパン粉を作る。バターは耐熱容器に入れ、600Wの電子レンジに30秒かけて溶かす。残りの材料を加えて混ぜるⓐ。
2. ホタテは塩、こしょうで下味をつける。
3. フライパンにサラダ油を入れ、強めの中火にかける。熱くなったら、ホタテを入れ、表面をさっと焼いて取り出す。完全に火は通っていなくてもよい。
4. 耐熱皿に焼いたホタテをのせ、バターパン粉をのせる。オーブントースターに入れ、パン粉に焼き色がつくまで焼いて器に盛り、サラダ野菜を添える。オーブントースターがない場合は、フライパンでホタテをもう少ししっかり焼いて器に盛り、バターパン粉もこんがり焼き色がつくまで炒め、ホタテの上にのせるとよい。

ⓐ

no. 030

no. 031

いかのアジアンバターソテー

ナンプラー独特の香りも、強い塩気も、
マイルドに包み込むのが、バターのすごいところ。
いかはすぐにかたくなるので、さっと炒めるのがコツです。
エスニックが苦手な男性も楽しめるひと皿です。

材料　2人分
いか（するめいかなど）… 大1杯（正味200g）
パプリカ … ½個
バジル … 1パック
赤唐辛子 … 小½本
ナンプラー … 小さじ1弱
バター … 10g

作り方
1　いかは胴と足に分け、内臓を取る。胴は水洗いして皮をむき、1cm幅に切る。足は吸盤をこそげるように手でしごき、水洗いして食べやすく切る。パプリカはヘタと種を取り、1cm幅に切る。バジルは粗く刻み、赤唐辛子は種を抜いて輪切りにする。
2　フライパンにバター、赤唐辛子を入れ、中火にかける。溶けて泡立ってきたら、水気をふいたいかとパプリカを入れ、いかにほぼ火が通るまでさっと炒める。仕上げにバジル、ナンプラーを加え、さっと炒め合わせる。

no. 031

no. 032

カジキのセロリポン酢バターソテー

バターとポン酢を合わせたカジキのソテー。
肉厚なカジキに、セロリの食感が小気味よく、
ポン酢の酸味とバターのコクで白ごはんも進みます。

材料　2人分
カジキ … 2切れ（200〜250g）
　塩 … 小さじ⅔
　こしょう … 少々
　薄力粉 … 適量
セロリ … 1本（150g）
バター … 10g
ポン酢 … 大さじ1
塩、こしょう … 各適量

作り方

1　カジキは塩をすり込み、10分ほど置く。さっと水洗いし、ペーパータオルでしっかり水気をふき取る。1.5cm角の棒状に切り、こしょうをふる。セロリは7mm幅の斜め切りにし、葉はざく切りにする。

2　カジキに薄力粉を薄くはたきつける。フライパンにバターを入れ、中火にかける。溶けて泡立ってきたら、カジキを入れ、1分ほど表面を焼いて一度取り出す。

3　2のフライパンにセロリを入れ、1分ほど炒める。塩、こしょうで下味をつけ、カジキを戻して火が通るまで炒め、ポン酢を加えて全体に絡める。

no. 032

no. 033

魚介のバターモンテソース

冷たいバターを溶かし、乳化させながら作るバターモンテソース。
白ワインや、ハーブ、レモンの酸味、生クリームなどとバターを合わせ、
肉や、魚介のソースにコクや風味を加えるフランス料理の手法です。

no. 033

鯛のクリームバターモンテソース

材料　2人分
鯛 … 2切れ（200〜250g）
　塩 … 小さじ2/3
　こしょう … 少々
マッシュルーム … 3個
パセリのみじん切り … 適量
生クリーム（乳脂肪40％以上）
　… 1/4カップ
バター … 10〜20g
白ワイン … 大さじ3
レモンの搾汁 … 大さじ1と1/2〜2
塩、こしょう … 各適量

作り方

1　鯛は塩をすり込み、10分ほど置く。さっと水洗いし、ペーパータオルでしっかり水気をふき取り、こしょうをふる。マッシュルームは石づきを落とし、4等分に切る。バターも4等分に切り、冷蔵庫で冷やしておく。

2　フライパンに鯛、マッシュルーム、白ワイン、水1/3カップを入れて蓋をする。中火にかけ、沸いてきたら3〜4分加熱する。鯛に火が通ったら火を止め、取り出してペーパータオルにのせて汁気をきり、器に盛る。

3　2のフライパンに生クリーム、レモンの搾汁を入れて再度中火にかける。半量程度に煮詰めたら火を止め、冷やしておいたバターを加えて手早くフライパンを揺すり、バターを乳化させながら溶かす。塩、こしょうで味を調えてパセリを混ぜ、2にかける。

no. 034

no. 035

no. 034

海老のアンチョビ
バターモンテソース

材料 2人分
海老（無頭）
　… 大6〜8尾（180g）
　片栗粉 … 小さじ1
　塩、こしょう … 各少々
アンチョビフィレ … 1〜2枚
バター … 10〜20g
白ワイン … 大さじ3
レモンの搾り汁
　… 大さじ1と½〜2
塩、こしょう … 各適量
イタリアンパセリ … 適宜

作り方
1 海老は殻をむき、背ワタを取る。片栗粉を混ぜた少量の水でもみ洗いする。水が灰色になったら、水洗いしてペーパータオルでしっかり水気をふき取り、軽く塩、こしょうで下味をつける。アンチョビフィレは刻み、バターは4等分に切って冷蔵庫で冷やしておく。
2 フライパンに海老、アンチョビフィレ、白ワイン、水⅓カップを入れて蓋をする。中火にかけ、沸いてきたら1〜2分加熱する。海老に火が通ったら火を止め、取り出してペーパータオルにのせて汁気をきり、器に盛る。
3 2のフライパンにレモンの搾り汁を入れ、再度中火にかける。半量程度に煮詰めたら、火を止め、冷やしておいたバターを加えて手早くフライパンを揺すり、バターを乳化させながら溶かす。塩、こしょうで味を調えて2にかけ、好みでイタリアンパセリを添える。

no. 035

鮭のレモン
バターモンテソース

材料 2人分
生鮭 … 2切れ
　（200〜250g）
　塩 … 小さじ⅔
　こしょう … 少々
ディルの葉の粗刻み … 適量
バター … 10〜20g
白ワイン … 大さじ3
レモンの輪切り（国産）… 2枚
レモンの搾り汁 … 大さじ1と½〜2
塩、こしょう … 各適量

作り方
1 鮭は塩をすり込み、10分ほど置く。さっと水洗いし、ペーパータオルで水気をしっかりふき取り、こしょうをふる。バターは4等分に切り、冷蔵庫で冷やしておく。
2 フライパンに鮭、白ワイン、水⅓カップを入れて蓋をする。中火にかけ、沸いてきたら3分ほど加熱する。鮭に火が通ったら火を止め、取り出してペーパータオルにのせて汁気をきり、器に盛る。
3 2のフライパンにレモンの輪切りと搾り汁を入れ、再度中火にかける。半量程度に煮詰めたら、火を止め、冷やしておいたバターを加えて手早くフライパンを揺すり、バターを乳化させながら溶かす。塩、こしょうで味を調えてディルの葉を混ぜ、2にかける。

no. 036

no. 037

no. 036

サーモンのリエット

サーモンは蒸し、しっかり冷ましてからバターと混ぜます。
しっかり冷まさないと、分離してしまうので注意しましょう。
バターでなめらかさとコクを出します。
イクラをのせれば、おもてなしにもぴったりの一品です。

材料　作りやすい分量
生鮭 … 2切れ（200g）
　塩 … 小さじ⅔
　こしょう … 少々
スモークサーモン … 20g
無塩バター … 50g
生クリーム（乳脂肪40％以上）
　… ¼カップ
白ワイン … ⅓カップ
塩、こしょう … 各適量

作り方
1　鮭は塩をすり込み10分ほど置く。さっと水洗いし、ペーパータオルで水気をしっかりふき取り、こしょうをふる。スモークサーモンは細かく刻み、バターは室温に戻してやわらかくしておく。
2　フライパンに鮭、白ワイン、水⅓カップを入れて蓋をする。強めの中火にかけ、沸いてきたら3分ほど加熱する。鮭に火が通ったら、取り出してしっかり冷まし、骨と皮を取る。
3　2、やわらかくしたバターをフードプロセッサーに入れ、なめらかになるまで攪拌する。ボウルに移し、生クリームを加えて全体を混ぜ、仕上げにスモークサーモンを加えて混ぜ、塩、こしょうで味を調える。冷蔵庫で3日間保存可能。

no. 037

タラマ

"Tarama"とは、バゲットやクラッカーにのせて楽しむ魚卵のディップ。
フランスでは、アペリティフの一般的なおともとして親しまれています。
オリーブオイルでたらこの臭みを消し、バターで深みを出しています。

材料　作りやすい分量
たらこ … 50g
じゃがいも（できればメークイン）
　… 中1個（150g）
玉ねぎのすりおろし … 大さじ1
にんにくのすりおろし … 少々
レモンの搾り汁 … 小さじ2
バター … 10g
オリーブオイル … 大さじ1
牛乳 … 適量
塩、こしょう … 各適量

作り方
1　たらこは切り込みを入れ、包丁の背でこそげるように卵を取り出し、オリーブオイルと混ぜる。
2　じゃがいもは皮をむいてひと口大に切り、やわらかく茹でて湯をきる。ボウルに入れ、熱いうちに玉ねぎ、にんにく、バターを加え、なめらかになるようにつぶす。さらにレモンの搾り汁を加えてよく混ぜ、そのまま冷ます。
3　2がしっかり冷めたら、1を加えて全体が均一になるように混ぜる。塩、こしょうで味を調え、牛乳でかたさを調節する。冷蔵庫で3日間保存可能。

no. 038
ほうれん草と
玉ねぎのバター煮
→ p.70

野菜とバター
*vegetables
& butter*

no. 039
バターラタトゥイユ
→ p.71

no. 038

ほうれん草と玉ねぎのバター煮

ほうれん草と玉ねぎにバターを染み込ませた洋風の含め煮。
やわらかく煮込んだ野菜は舌触りもよく、たくさん食べられ、
フランス人が好きな野菜の食べ方のひとつです。
バターの香りと甘さが、野菜をさらにおいしくしてくれます。

材料　2人分
ほうれん草 … 300g
玉ねぎ … ½個
バター … 10g
塩、こしょう … 各適量

作り方

1　ほうれん草は根元に十字に切り込みを入れ、水に15分ほどつけてシャキッとさせる。玉ねぎは薄切りにする。

2　鍋、またはフライパンに湯を沸かし、ほうれん草をさっと茹でて水にさらす。冷めたら水気をしっかり絞り、5cm幅に切る。

3　鍋にバターを入れ、中火にかける。バターが溶けて泡立ってきたら、玉ねぎを入れてさっと炒める。さらにほうれん草を加え、さっと炒め合わせ、水½カップを加えて蓋をし、強めの中火にする。

4　沸いてきたら中火にし、好みのやわらかさになるまで5～10分蒸し煮にする。塩、こしょうで味を調え、余分な水分がしっかり飛ぶまで加熱する。器に盛り、こしょうをふる。

no. 039

バターラタトゥイユ

バターで作るラタトゥイユは温めて食べてほしいひと皿です。
秋口のなすは皮もかたく、トマトも水分が抜けていますが、
バターでやわらかく煮て、コクを出すとおいしくなります。
野菜もたくさん食べられて、肌寒い時期にもぴったりです。

材料　作りやすい分量
- なす … 2本
- ズッキーニ … 1本
- 玉ねぎ … 大1個
- ピーマン … 3個
- パプリカ … 1個
- にんにく … 1かけ
- トマト水煮缶（カットタイプ）… 1缶（400g）
- バター … 10g
- オリーブオイル … 大さじ2
- 塩、こしょう … 各適量

作り方
1. にんにくはたたいてつぶし、残りの野菜は2～3cm角に切る。
2. 鍋ににんにく、バターを入れて弱火にかける。香りが出てきたら、缶詰のトマトを加える。沸いてきたら火を弱め、塩小さじ1/8を加えてときどき混ぜながら5分ほど煮る。
3. フライパンを強火の中火にかけ、オリーブオイルを入れる。温まったら玉ねぎ、ピーマン、パプリカを入れ、しんなりするまで炒める。さらになす、ズッキーニを加え、軽く火が通ったら塩小さじ1を加えて混ぜる。
4. 炒めた野菜を2に加えて弱めの中火にし、焦がさないようにときどき混ぜながら、水分が飛んで軽く煮詰まった感じになるまで8分ほど煮る。味を見て、薄いようなら、塩、こしょうで味を調える。

no. 040

no. 040

アスパラガスの
オランデーズソース

バターソースの代表格といえば、
やはりオランデーズソース。
ゆっくりとバターを乳化させながら、
なめらかに仕上げます。
アスパラガスはさっと茹で、
余熱で食感が残る程度に火を通します。

材料　2人分

グリーンアスパラガス … 大6本

【 オランデーズソース 】＊

　無塩バター … 70g
　卵黄 … 1個
　水 … 大さじ½
　レモンの搾り汁 … 小さじ1
　塩、こしょう … 各少々

＊オランデーズソースは作りやすさを重視した分量です。少し多めにでき上がります。残ったら、茹で野菜などにかけてお召し上がりください。

作り方

1 グリーンアスパラガスは根元のかたい皮をピーラーでむく。フライパンにむいたアスパラガスの皮、塩1％（分量外）を入れた湯を沸かし、軽く香りを移す。この中にアスパラガスを入れ、2分ほど茹で、ざるに上げて湯をきる。水にはさらさず、ざるの上でそのまま冷ます。

2 オランデーズソースを作る。バターは耐熱容器に入れてラップを被せる。600Wの電子レンジにかけ、様子を見ながら加熱し、溶かしバターにする。ボウルに卵黄と水を入れ、60〜70℃の湯煎にかけながらよく泡立てる。もったりとしてきたら、溶かしバターを少しずつ加えながら混ぜて乳化させる ⓐ。溶かしバターの最後に残った白い液体は加えないように注意する（脂ではなく、水分のため加えるとソースのかたさが緩んでしまう）。仕上げにレモンの搾り汁を加えて混ぜ、塩、こしょうで味を調える。

3 器にアスパラガスを盛り、2をかける。

ⓐ

no. 041

熱々ドレッシングサラダ

バタードレッシングは鍋で仕上げ、熱々を野菜にかけます。
生の白菜や、マッシュルーム、カリフラワーなど、
瑞々しさや、香り、食感が違う野菜を組み合わせると楽しいです。

no. 041

材料　2人分
白菜 … 2枚
マッシュルーム … 3個
カリフラワー … 80g
【 バタードレッシング 】
　バター … 10g
　オリーブオイル … 大さじ1
　フレンチマスタード … 小さじ1
　ワインビネガー（赤）… 小さじ2
　こしょう … 適量

作り方
1　野菜は食べやすく切り、器に広げて盛り、軽く塩（分量外）をふる。
2　バタードレッシングを作る。鍋にバター、オリーブオイルを入れ、弱めの中火にかける。バターが溶けて泡立ってきたら、フレンチマスタード、ワインビネガーを加えⓐ、手早く混ぜてこしょうをふる。熱いうちに野菜にかける。

ⓐ

no. 042

no. 043

76

no. 042

大根のバター煮

煮物やおでんなど、定番の大根料理に飽きたらバター煮をぜひ。
大根にバターの甘みを重ねることで、優しい味わいになります。
常備菜として作っておくのもおすすめです。

材料　作りやすい分量

大根 … 300g
イタリアンパセリ … 適量
バター … 10g
塩 … 小さじ⅔
こしょう … 適量

作り方

1　大根は2cm程度の角切りにする。耐熱皿に広げ、ラップを被せて600Wの電子レンジで5分加熱する。取り出し、そのまま粗熱を取る。
2　鍋に水気をきった大根、被る程度の水、バター、塩、こしょうを入れ、中火にかける。沸いたら弱火にし、煮汁がほぼなくなるまでときどき混ぜながら煮る。
3　器に盛り、粗く刻んだイタリアンパセリを散らし、こしょうをふる。冷蔵庫で4日間保存可能。

no. 043

ひよこ豆のバター煮

バターの旨みと香りを染み込ませた煮豆は、
ワインのおともにも、ちょっと小腹が空いたときにもよいです。
お好みの水煮の豆を使ってください。

材料　作りやすい分量

ひよこ豆水煮缶
　　… 1缶（正味240g）
バター … 10g
クミンシード … 小さじ1強
塩 … 小さじ⅔
こしょう … 少々

作り方

1　ひよこ豆はざるにあけ、さっと水ですすいで表面のぬめりを取る。
2　鍋に1、被る程度の水、残りの材料を入れて中火にかける。沸いたら弱火にし、煮汁がほぼなくなるまでときどき混ぜながら煮る。冷蔵庫で5日間保存可能。

no. 044

さつまいものオレンジ煮

砂糖は加えずに、オレンジジュースとバターで煮込んださつまいも。
後味も軽く、バターとさつまいもの甘みを楽しめます。
好みのドライフルーツを使ったり、ナッツを加えてアレンジしても。

材料　作りやすい分量
さつまいも … 300g
オレンジジュース（果汁100％）
　… 1カップ
バター … 10g
レーズン … 大さじ4
塩、こしょう … 各適量

作り方

1　さつまいもは皮つきのまま食べやすい大きさに切る。水に5分ほどさらしてアクを抜き、ざるに上げて水気をきる。
2　鍋にさつまいも、オレンジジュース、バターを入れ、蓋をして中火にかける。沸いたら弱火にし、ときどき混ぜながら煮る。
3　さつまいもに火が通ったら、レーズンを加え、火を強めて煮汁がほぼなくなるまで煮詰め、仕上げに塩、こしょうで味を調える。冷蔵庫で5日間保存可能。

no. 045

じゃがいものガレット

じゃがいもは水にさらさずに
焼くことでまとまり、カリッと焼けます。
メークインが合いますが、水分の多い
じゃがいもは水気を絞ってから焼きましょう。
熱々の焼き立てにバターをのせ、
溶かしながらいただきます。

材料　2人分
じゃがいも（できればメークイン）
　… 3個（400g）
バター … 10g
サラダ油 … 大さじ1
塩、こしょう … 各適量

作り方
1　じゃがいもはせん切りスライサーで細切りにする。ボウルに入れ、塩、こしょうをふって混ぜる。水にはさらさない。
2　フライパンを中火にかけ、サラダ油を入れる。じゃがいもを広げ、フライ返しなどを使って丸く形作る。しばらくそのまま触らずこんがり焼き色がつくまで4分ほど焼く。
3　2を裏返し、表面をぎゅっと押さえる。両面しっかり焼き色がついたら、バターをのせ、こしょうをふる。

no. 046
プチトマトのバターソテー

意外に相性がよいトマトとバター。
トマトの酸味とバターの甘みで、
スパークリングワインに合うアミューズに。

材料　作りやすい分量
ミニトマト … 20個（300g）
バター … 10g
塩、こしょう … 各適量
粗塩 … 適宜

作り方
1　ミニトマトはヘタを取る。
2　フライパンにバターを入れ、中火にかける。溶けて泡立ってきたら、ミニトマトを入れ、皮が軽く弾けるまで炒める。塩、こしょうで味を調えて器に盛り、好みで粗塩をふる。

no. 047
にんじんとナッツのバターソテー

炒め物にレモンの酸味を少し加えると、
全体の味がまとまります。
カレー粉でスパイスを効かせても。

材料　作りやすい分量
にんじん … 1本（150g）
ミックスナッツ … 30g
レモンの搾り汁 … 大さじ½
バター … 10g
塩、こしょう … 各適量

作り方
1　にんじんはせん切りスライサーで細切りにする。ミックスナッツは粗く刻む。
2　フライパンにバターを入れ、中火にかける。溶けて泡立ってきたら、にんじんを入れ、さっと炒める。塩、こしょうで味を調え、レモンの搾り汁、刻んだミックスナッツを加えて混ぜる。器に盛り、好みでこしょうをふる。冷蔵庫で4日間保存可能。

no. 048

ブロッコリーと
ソーセージのバター焼き

蒸し煮でバターを染み込ませ、
最後に焼き色をつけて仕上げます。
お弁当や、おつまみにどうぞ。

材料　2人分
ブロッコリー … 200g（½株）
ソーセージ … 4本
バター … 10g
塩、こしょう … 各適量

作り方
1　ブロッコリーは小房に分ける。ソーセージは斜め半分に切る。
2　フライパンに1、バター、水⅓カップを入れる。蓋をして中火にかけ、ブロッコリーが好みのやわらかさになるまで3～5分煮る。
3　2の蓋を外し、水分を飛ばす。さらに軽くブロッコリーに焼き色がつくまで焼いて塩、こしょうで味を調える。

no. 049

きのこのソテー

水気の多いきのこは水分を飛ばしながら、
旨みを凝縮させるように炒めることが大事です。
しいたけ、舞茸、マッシュルームなどをお好みで。

材料　2人分
きのこ（好みのもの2～3種合わせて）… 300g
バター … 10g
塩、こしょう … 各適量

作り方
1　きのこは石づきを落とし、食べやすい大きさにほぐす、または切る。
2　フライパンに1を入れ、油を引かずに強めの中火にかける。ときどき混ぜながら、炒める。途中水分が出て、その水分が飛んで焼き色がつくまで炒めたら、バターを加える。全体を混ぜ、バターをまんべんなく行き渡らせたら、塩、こしょうで味を調える。

no. 050

no. 051

no. 052

野菜のじっくり焼き

強い風味のある根菜は、バターとよく合います。
火が通りにくいので、蓋をして蒸し焼きにするのがコツ。
肉のつけ合わせにしたり、チーズをのせても焼いても。

no.050

れんこんのじっくり焼き

材料 作りやすい分量

れんこん … 200〜300g
バター … 10g
サラダ油 … 小さじ1
塩、こしょう … 各適量

作り方

1 れんこんは皮つきのまま厚めの輪切りにする。5分ほど水にさらし、ざるに上げて水気をきる。
2 フライパンにサラダ油を入れ、れんこんを並べて中火にかける。蓋をして2分ほど焼き、蓋を外して裏返し、さらに2分ほど焼く。
3 バターを加えて塩、こしょうで味を調え、こんがり焼き色がつくまで焼き上げて器に盛る。

no.051

長いものじっくり焼き

材料 作りやすい分量

長いも … 200〜300g
サラダ油 … 小さじ1
バター … 10g
塩、こしょう … 各適量

作り方

1 長いもは皮つきのまま厚めの輪切りにする。
2 フライパンにサラダ油を入れ、長いもを並べて中火にかける。蓋をして2分ほど焼き、蓋を外して裏返し、さらに2分ほど焼く。
3 バターを加えて塩、こしょうで味を調え、こんがり焼き色がつくまで焼き上げて器に盛る。

no.052

玉ねぎのじっくり焼き

材料 作りやすい分量

玉ねぎ … 大1個
サラダ油 … 小さじ1
バター … 10g
塩、こしょう … 各適量

作り方

1 玉ねぎは厚めの輪切りにする。
2 フライパンにサラダ油を入れ、玉ねぎを並べて中火にかける。蓋をして2分ほど焼き、蓋を外して裏返し、さらに2分ほど焼く。
3 バターを加えて塩、こしょうで味を調え、こんがり焼き色がつくまで焼き上げて器に盛る。

no. 053

no. 054

no. 055

野菜のサブジ

野菜をシンプルに蒸し炒めにしたインド料理、サブジ。
バターとスパイスの香りを野菜に染み込ませます。
ほかにもじゃがいも、ズッキーニなどの季節の野菜で楽しんで。

no. 053

なすのサブジ

材料　作りやすい分量
なす … 3～4本（300g）
クミンシード … 小さじ½
カレー粉 … 小さじ½
バター … 10g
塩、こしょう … 各適量

作り方
1　なすはヘタを取って縦4等分に切り、さらにそれぞれを3～4等分に切る。
2　フライパンにクミンシード、カレー粉、バターを入れて中火にかける。バターが溶けて泡立ってきたら、なす、水½カップを加えて蓋をする。
3　3分ほど蒸し煮にしたら蓋を外し、残った水分を飛ばし、塩、こしょうで味を調える。冷蔵庫で3日間保存可能。

no. 054

かぼちゃのサブジ

材料　作りやすい分量
かぼちゃ … 300g
クミンシード … 小さじ½
カレー粉 … 小さじ½
バター … 10g
塩、こしょう … 各適量

作り方
1　かぼちゃは皮つきのまま2.5cm角に切る。
2　フライパンにクミンシード、カレー粉、バターを入れて中火にかける。バターが溶けて泡立ってきたら、かぼちゃ、水½カップを加えて蓋をする。
3　5分ほど蒸し煮にしたら蓋を外し、残った水分を飛ばし、塩、こしょうで味を調える。冷蔵庫で3日間保存可能。

no. 055

カリフラワーのサブジ

材料　作りやすい分量
カリフラワー … 200g
クミンシード … 小さじ½
カレー粉 … 小さじ½
バター … 10g
塩、こしょう … 各適量

作り方
1　カリフラワーは小房に分ける。
2　フライパンにクミンシード、カレー粉、バターを入れて中火にかける。バターが溶けて泡立ってきたら、カリフラワー、水⅓カップを加えて蓋をする。
3　2分ほど蒸し煮にしたら蓋を外し、残った水分を飛ばし、塩、こしょうで味を調える。冷蔵庫で3日間保存可能。

```
enjoy easy
butter recipe
```

手軽に楽しむ
バターのレシピ

バターの香り、コク、風味があれば、
シンプルな材料でも、存在感のある料理になります。
時間がないとき、少し小腹が空いたときに。

〔A〕 バターごはん

材料 2人分
ごはん（熱々のもの）… 2膳分
小ねぎの小口切り … 適量
バター … 10g
しょうゆ … 適量

作り方
1 茶碗にごはんをよそい、バターをのせる。
2 小ねぎを散らし、しょうゆを回しかける。

〔B〕 ポタージュ

材料 作りやすい分量
じゃがいも … 1個
玉ねぎ … ½個
長ねぎ … ½本
サラダ油 … 小さじ1
牛乳 … 1カップ
生クリーム（乳脂肪40％以上）
　　… ¼カップ
バター … 10g
塩、こしょう … 各適量

作り方
1 じゃがいもは皮をむき、いちょう切りにする。玉ねぎ、長ねぎは薄切りにする。
2 鍋を弱火にかけ、サラダ油を入れる。玉ねぎ、長ねぎを入れてさっと炒め、水⅓カップを加える。蓋をし、8分ほど蒸し煮にする。じゃがいもと水1と½カップを加え、やわらかくなるまでさらに8分ほど煮る。
3 2、牛乳をミキサーに入れ、なめらかになるまで攪拌する。鍋に戻し、中火にかける。生クリームを加え、温まったら、塩、こしょうで味を調え、さいの目切りにしたバターをのせる。

〔C〕 バターパスタ

材料 2人分
好みのパスタ … 200g
バター … 10g
塩、こしょう … 各適量

作り方
1 パスタは袋の表示通りに塩を入れた湯で茹で、ざるに上げてしっかり湯をきる。茹で汁は少し取っておく。
2 ボウルにパスタ、バターを入れて全体に絡める。水分が少ないようであれば取っておいた茹で汁を加える。器に盛り、こしょうをたっぷりふる。

〔D〕 野菜スープ

材料 作りやすい分量
玉ねぎ … ½個
長ねぎ … ½本
にんじん … ½本
マッシュルーム … 2〜3個
ブロッコリー … 4房
バター … 10g
塩、こしょう … 各適量

作り方
1 玉ねぎは1cm角に切る。長ねぎは縦半分に切り、さらに1cm幅に切る。にんじんは5mm幅のいちょう切りにする。マッシュルームは石づきを落とし、半分に切ったのち薄切りにする。ブロッコリーは小房に分ける。
2 鍋にバターを入れ、中火にかける。溶けて泡立ってきたら、ブロッコリー以外の野菜を入れて全体を炒め、水⅓カップを加えて蓋をし、8分ほど蒸し煮にする。
3 水3カップを加え、弱火にしてさらに8分ほど煮る。仕上げにブロッコリーを加え、火が通ったら、塩、こしょうで味を調える。

[A] [C] [B] [D]

87

卵とバター

egg & butter

no. 056
エッグベネディクト
→ p.90

no. 057
卵のバタークリーム
ココット
→ p.91

no. 056

エッグベネディクト

手作りのオランデーズソースのおいしさは格別。
ゆっくり乳化させながら、なめらかに仕上げてください。
たっぷりかけて卵とのハーモニーを楽しんで。

材料　2人分
卵 … 2個
ハム … 2枚
マフィン … 1個
リーフレタス … 適量
【 オランデーズソース 】＊
　無塩バター … 70g
　卵黄 … 1個
　水 … 大さじ½
　レモンの搾り汁 … 小さじ1
　塩、こしょう … 各少々

＊オランデーズソースは作りやすさを重視した分量です。少し多めにでき上がります。残ったら、茹で野菜などにかけてお召し上がりください。

ⓐ

作り方

1　卵は小さな容器にそれぞれ割り入れる。鍋に湯を沸かし、酢と塩（ともに分量外）を加える。水1ℓに対し、酢¼カップ、塩小さじ1の割合。湯面が静かに揺れる程度の温度を保ち、卵を1個ずつそっと落とし入れる。広がる白身は菜箸で寄せる。そのまま弱めの中火で3〜4分茹でる。網じゃくしですくい、ペーパータオルにのせて水気をきる。

2　オランデーズソースを作る。バターは耐熱容器に入れてラップを被せる。600Wの電子レンジにかけ、様子を見ながら加熱し、溶かしバターにする。ボウルに卵黄と水を入れ、60〜70℃の湯煎にかけながらよく泡立てる。もったりとしてきたら、溶かしバターを少しずつ加えながら混ぜて乳化させるⓐ。溶かしバターの最後に残った白い液体は加えないように注意する（脂ではなく、水分のため加えるとソースのかたさが緩んでしまう）。仕上げにレモンの搾り汁を加えて混ぜ、塩、こしょうで味を調える。

3　マフィンを横半分に切り、オーブントースターで軽く焼いて器にのせる。リーフレタス、ハム、1を順にのせ、オランデーズソースをたっぷりかける。

no. 057

卵のバタークリームココット

洋風の茶碗蒸しといえば、クリームココット。
水滴が落ちないようにホイルを被せて蒸してください。
好みで塩をふれば、インパクトが出ます。
トリュフ塩や、トリュフスライスをプラスすれば、
アミューズにも喜ばれるひと皿に。

材料　2人分
卵 … 2個
バター … 10g
生クリーム（乳脂肪40％以上）… 大さじ3
塩、こしょう … 各適量

作り方
1　ココット2個にバターと生クリームを等分に入れ、塩、こしょうをふる。卵を1個ずつに割り入れ、ホイルを被せる。
2　フライパンにペーパータオルを敷き、1をのせ、ココットの高さ半分程度まで水を注ぐ。蓋をし、中火にかけて沸いてきたら5〜7分蒸す。

no. 058

no. 059

no. 058

トマトスクランブルエッグ

普通のスクランブルエッグも好きだけれど、
トマトの甘酸っぱさを効かせたスクランブルエッグもお気に入りです。
火を入れてもかたくならずになめらかで、味も濃厚に仕上がります。

材料 2人分
トマト … 大2個
卵 … 3個
バター … 10g
塩、こしょう … 各適量

作り方
1 トマトは湯むきし、ざく切りにする。
2 鍋にトマト、バターを入れて中火にかける。煮立ってきたら弱火にし、10分ほどトマトが煮崩れるまで炒め、塩、こしょうで味を調える。
3 ボウルに卵を割りほぐし、塩、こしょうで味を調える。2に回し入れⓐ、ゴムベラで丁寧に混ぜながら半熟に仕上げる。器に盛り、こしょうをふる。

ⓐ

no. 059

半熟卵のアンチョビバター

半熟卵さえ仕込んでおけば、あとはアンチョビバターを作るだけ。
アンチョビ独特の香りと塩辛さを、バターがマイルドに包み込みます。
塩辛や、ケイパーの塩漬け、オリーブ、ドライトマトなどでもアレンジできます。

材料 2人分
卵 … 2個
アンチョビフィレ … 1枚
バター … 10g
こしょう … 適宜

作り方
1 半熟卵を作る。フライパンに卵を入れ、高さ半分程度まで水を注ぐ。蓋をして中火にかけ、沸いてきたら途中蓋をしたまま1〜2回フライパンを揺すり、7〜8分加熱して冷水に取る。殻をむいて半分に切り、皿に盛る。
2 アンチョビフィレは粗く刻む。フライパンにバターとともに入れ、バターが溶けて泡立ってきたら、よく混ぜて1にかけ、好みでこしょうをふる。

牛乳、粉とバター

milk, flour & butter

no. 060
ベシャメルソース
→ p.96

no. 061
マカロニグラタン
→ p.97

no. 060

ベシャメルソース

材料はバター、薄力粉、冷たい牛乳、塩、そしてこしょう。
こしょうは好みでナツメグに替えてもよいです。
これだけ揃えて、手順さえ覚えてしまえば、
自家製ベシャメルソースが、いつでもおいしく作れます。
グラタン、シチュー、スフレなど、家族の喜ぶ料理がより手軽に。

必要なもの
バター
薄力粉
冷たい牛乳
塩
こしょう

ベシャメルソースの手順

1 鍋にバターを入れて弱めの中火にかける。バターが溶け、泡立つまで待つⓐ。
2 泡立ったら、薄力粉を一気に加えるⓑ。
3 ゴムベラなどで丁寧に混ぜながらⓒ、1分ほど焦がさないようにしっかり炒める。しっかり炒めることで、粉臭さがなくなる。
4 粉とバターがしっかり混ざり、白っぽくなったらⓓ、冷たい牛乳を分量の1/3ほど加えるⓔ。沸いてくるまで触らずに待ち、沸いたら泡立て器で一気にかき混ぜるⓕ。完全に沸かずに、中途半端で混ぜてしまうと、ダマになってしまうので注意する。
5 なめらかな状態になったら、残りの牛乳も半量ずつ同様に加えてかき混ぜⓖⓗ、塩、こしょうで味を調える。

ⓐ ⓑ ⓒ ⓓ
ⓔ ⓕ ⓖ ⓗ

no. 061

マカロニグラタン

とろりとしたベシャメルソースがたっぷりのグラタンに仕上げるコツ。
それはマカロニと絡めるソース、上にかけるソースの濃度を少し変えること。
茹で海老や、ブロッコリーを加えれば、彩りも華やかになります。

材料　2～3人分
（直径25cm程度のグラタン皿）

【 具材 】
　鶏もも肉 … 1/2枚
　玉ねぎ … 1/3個
　しめじ … 1パック（100g）
　マカロニ … 60g
　サラダ油 … 小さじ1
　塩、こしょう … 各適量

【 ベシャメルソース 】
　バター … 50g
　薄力粉 … 50g
　冷たい牛乳 … 3カップ
　牛乳 … 1/2カップ
　塩 … 小さじ1/3
　こしょう … 適量

【 オイルパン粉 】
　パン粉 … 大さじ2
　サラダ油 … 大さじ1弱
とろけるチーズ … 50g

●焼く頃合いを見計らい、
オーブンを180℃に温めておく。

作り方

1　鶏肉は小さめの角切りにする。玉ねぎは薄切りにする。しめじは石づきを落としてほぐす。マカロニは袋の表示通りに茹で、しっかり湯をきる。オイルパン粉の材料は混ぜておく。

2　フライパンにサラダ油を入れ、中火にかける。温まったら鶏肉、玉ねぎ、しめじを入れ、玉ねぎがしんなりし、鶏肉に火が通るまで炒めて塩、こしょうで味を調える。

3　ベシャメルソース（冷たい牛乳を使う）を左ページの要領で作る。

4　ボウルに茹でたマカロニ、2、ベシャメルソース1/3量を入れて混ぜ、グラタン皿に入れる。

5　残りのベシャメルソースに牛乳1/2カップを加え、弱めの中火にかけて混ぜ、4にかける。チーズを散らし、オイルパン粉をふり、温めたオーブンで15～20分、こんがり焼き色がつくまで焼く。

no. 062

野菜のグラタン

野菜とベシャメルソースだけで作る、副菜のように軽やかなグラタン。
じゃがいもや、カリフラワー、白菜など、手に入る野菜で試してみてください。
その際も野菜は蒸し煮にし、余分な水分を煮詰めてからグラタンにします。

材料　2人分
かぶ … 中2個（300g）
長ねぎ（白い部分）… 1本
とろけるチーズ … 50g
塩、こしょう … 各適量
【ベシャメルソース】
　バター … 30g
　薄力粉 … 30g
　冷たい牛乳 … 2カップ
　塩、こしょう … 各適量

●焼く頃合いを見計らい、オーブンを180℃に温めておく。

作り方

1　かぶは皮をむいて6等分のくし形切り、長ねぎは3cm幅に切る。フライパンにかぶ、長ねぎ、水1/3カップを入れて蓋をし、中火にかける。5分ほど蒸し煮にし、野菜に火を通して余分な水分を煮詰め、塩、こしょうで味を調える。

2　ベシャメルソースを96ページの要領で作る。

3　グラタン皿に水気をきった1を入れ、2をかける。チーズを散らし、温めたオーブンで15〜20分焼く。

no.063

きのこのスフレ

きのこのだしがたっぷりの、甘くないスフレです。
ふわ〜っとバターときのこの香りが立ち上るので、ぜひ焼き立てを。
きのこの水分が飛ぶまで、バターでしっかり炒めるのがコツです。

材料　2人分
　　　（直径15〜18cmの深めのグラタン皿）

きのこ（マッシュルーム、しめじなど）… 200g
バター … 10g
卵 … 2個
【 ベシャメルソース 】
　バター … 20g
　薄力粉 … 20g
　冷たい牛乳 … 180ml
　塩、こしょう … 各適量

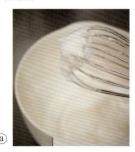
ⓐ

● 焼く頃合いを見計らい、オーブンを180℃に温めておく。

作り方

1 きのこ類は石づきを落とし、フードプロセッサーでみじん切りにする。または包丁で細かいみじん切りにする。グラタン皿に薄くバター（分量外）を塗り、薄力粉（分量外）を薄くはたきつけておく。

2 フライパンにバターを入れ、中火にかける。溶けて泡立ってきたら、1のきのこを入れ、きのこから水分が出て、それが飛ぶまでしっかり炒める。

3 ベシャメルソースを96ページの要領で作り、2に加えて混ぜる。

4 卵は卵白と卵黄に分けて割り、卵黄は3に加えて手早く混ぜる。卵白はハンドミキサーでしっかりピンと角が立つまで泡立てⓐ、3に加えてさっくり混ぜ、耐熱の器に詰める。

5 温めたオーブンで10〜15分、こんがりと焼き色がつくまで焼く。

no. 064

no. 064

クリームシチュー

ベシャメルソースの定番といえば、やはりクリームシチュー。
ソースは少しかためなので、そのままスープに入れるとダマになってしまいます。
合わせる際は、野菜の煮汁でのばしてから加えましょう。

材料　2人分
鶏もも肉 … 1枚（250g）
　塩 … 小さじ/3
　こしょう … 少々
じゃがいも … 大1個
玉ねぎ … 1個
にんじん … ½本
サラダ油 … 小さじ1
塩、こしょう … 各適量
【 ベシャメルソース 】
　バター … 25g
　薄力粉 … 25g
　牛乳 … 1カップ
　塩、こしょう … 各適量

作り方

1　鶏肉はひと口大に切る。塩、こしょうをすり込み、できれば10分ほど置く。じゃがいもは皮をむいて4等分に切り、水にさらす。玉ねぎは8等分のくし形に切り、にんじんは小さめの乱切りにする。

2　鍋にサラダ油を入れ、弱火にかける。温まったら鶏肉を入れ、軽く色が変わるまで炒める。鍋底に溜まった鶏の脂をペーパータオルで押さえて取る。玉ねぎ、にんじんを入れてさっと炒め、水500mlを加える。中火にして沸いてきたらアクを取り、弱火にして3分ほど煮る。

3　じゃがいもを加え、火が通るまでさらに7分ほど煮て、火を止める。

4　ベシャメルソースを96ページの要領で作る。

5　ベシャメルソースに3の煮汁をお玉2杯程度加え、泡立て器で一気に混ぜる。なめらかな状態になったら、3の鍋に加え、再度中火にかける。全体を混ぜながらとろみがつくまで加熱し、塩、こしょうで味を調える。

eating butter "Beurre aromatisé"

食べるバター 「ブールアロマティゼ」

溶かして、焦がして、練って使うバターも魅力的だけれど、固形のまま口の中で溶けるバター "Beurre aromatisé" も美味。好みの甘み、塩気、香りの具材を混ぜて作るブールアロマティゼはおもてなしにも最適です。

[A] ベリー

材料 作りやすい分量
- 無塩バター（できれば発酵バター）… 80g
- ドライブルーベリー … 30g
- ドライクランベリー … 30g
- ピンクペッパー … 小さじ1

作り方
1. バターは室温に戻してやわらかくしておく。ドライブルーベリーとドライクランベリーは被る程度の熱湯に浸す。指でつぶせる程度のやわらかさになったら、湯をきって冷ます。
2. ボウルにすべての材料を入れて混ぜ、ラップで棒状に包み、冷蔵庫で冷やして食べやすく切る。冷蔵庫で5日間、冷凍庫で1か月保存可能。

[B] イタリアン

材料 作りやすい分量
- 無塩バター（できれば発酵バター）… 80g
- ドライトマト … 15g
- ブラックオリーブ … 6粒
- くるみ … 3〜4個
- ケッパー … 大さじ½

作り方
1. バターは室温に戻してやわらかくしておく。ドライトマトはぬるま湯に5分ほど浸す。やわらかくなったら、湯をきって粗く刻む。ブラックオリーブ、くるみ、ケッパーも粗く刻む。
2. ボウルにすべての材料を入れて混ぜ、ラップで棒状に包み、冷蔵庫で冷やして食べやすく切る。冷蔵庫で5日間、冷凍庫で1か月保存可能。

[C] パイナップルハーブ

材料 作りやすい分量
- 無塩バター（できれば発酵バター）… 80g
- ドライパイナップル* … 70g
- コリアンダーシード … 小さじ1
- レモンの皮のすりおろし（国産）… 小さじ½
- ディルの葉 … 2本分

作り方
1. バターは室温に戻してやわらかくしておく。
2. ボウルにすべての材料を入れて混ぜ、ラップで棒状に包み、冷蔵庫で冷やして食べやすく切る。冷蔵庫で5日間、冷凍庫で1か月保存可能。

*かたい場合は、ドライベリー同様にやわらかく熱湯で戻してから使う。

103

no. 065
レモンカード
→ p.106

sweets & butter
スイーツとバター

no. 066
クロワッサン・オ・ザマンド
→ p.106

no. 065

レモンカード

レモンの酸味と香りを包み込むイギリス生まれの濃厚クリーム。
アイスクリームや、ヨーグルトにトッピングするだけで、
上品なデザートができ上がります。

材料　作りやすい分量

レモン（国産）… 1個
レモンの搾り汁 … 40ml
無塩バター（できれば発酵バター）… 40g
卵 … 1個
砂糖 … 60g

作り方

1　レモンは皮をすりおろす。バターは小さめの角切りにする。
2　ボウルに卵を割り入れ、よく溶きほぐす。砂糖を加え、砂糖が溶けるまでよくすり混ぜる。レモンの皮、レモンの搾り汁を順に加え、その都度よく混ぜる。
3　フライパンに高さ2cm程度の湯を入れ、弱火にかける。2のボウルにバターを加え、フライパンの湯で湯煎にかけながらゴムベラで絶えず混ぜ、バターが溶けてとろみがつくまで加熱するⓐ。
4　3のボウルの底を氷水に当て、混ぜながら冷やす。保存容器に入れ、冷蔵庫で1週間保存可能。

ⓐ

no. 066

クロワッサン・オ・ザマンド

アーモンドプードル、バター、砂糖、卵で作るクレームダマンド。
バター香る濃厚なクリームは杏や、りんご、洋梨などと一緒に
パイ生地に敷き詰め、焼いてもおいしいパイになります。

材料　作りやすい分量

クロワッサン … 4個（小さいものなら6〜8個）
スライスアーモンド … 15g
【クレームダマンド】
　アーモンドプードル … 50g
　無塩バター（できれば発酵バター）… 50g
　卵 … 1個
　砂糖 … 50g

● オーブンを180℃に温めておく。

作り方

1　バターは室温に戻してやわらかくしておく。卵も冷蔵庫から出してしばらく置き、割りほぐす。
2　ボウルにやわらかくしたバターを入れ、泡立て器でなめらかになるまで混ぜる。砂糖を2回に分けて加え、砂糖が溶けるまでしっかりすり混ぜ、さらに白っぽくふんわりするまで混ぜる。1の卵を少しずつ加えて混ぜる。さらにアーモンドプードルを加え、均一になるまで混ぜる。
3　クロワッサンの上部にスプーンなどで2を塗るⓐ。オーブン用シートを敷いた天板に並べ、スライスアーモンドを散らし、温めたオーブンで15分ほど焼く。

ⓐ

no. 067

りんごのキャラメリゼ

甘く、香ばしく、バターが香るりんごのキャラメリゼ。
コツは砂糖がしっかり茶色になってから、りんごとバターを加えること。
熱々をバニラアイスクリームに添えてどうぞ。

材料　2人分

りんご … 1～2個（350～400g）
無塩バター（できれば発酵バター）
　… 10g
砂糖 … 40g
水 … 大さじ1
バニラアイスクリーム … 適量

作り方

1 りんごは皮をむいて8等分のくし形に切り、芯を取る。
2 鍋に砂糖と水を入れ、よく混ぜる。弱火にかけ、砂糖が溶けてきたら木ベラで混ぜ、さらに茶色になり、カラメル色になるまでときどき混ぜながら加熱する。薄煙が立ち、しっかり色づいたら、りんごとバターを加えて全体を混ぜる。
3 弱火にして蓋をし、ときどき混ぜながらりんごがやわらかくなるまで5～8分煮る。器に盛り、バニラアイスクリームを添える。

no. 067

no. 068
サブレ
→ p.110

no. 069
マドレーヌ
→ p.111

no. 068

サブレ

ホロホロの生地なので、しっかり手で混ぜるのがコツ。
そのままでもおいしいですが、ひと手間かけて
塗り卵をして仕上げれば、ブルターニュ風になります。

材料　直径5cm 35〜40枚
無塩バター（できれば発酵バター）
　　… 200g
薄力粉 … 300g
ベーキングパウダー … 小さじ1/3
グラニュー糖 … 130g
卵黄 … 1個
バニラオイル … 3滴
塗り卵＊ … 適量
＊卵黄に少量の水を混ぜ塗りやすくしたもの。

● 焼く頃合いを見計らい、
オーブンを180℃に温めておく。

作り方

1　バターは室温に戻してやわらかくしておく。薄力粉とベーキングパウダーは合わせてふるう。
2　ボウルにやわらかくしたバターを入れ、ゴムベラで練る。グラニュー糖を加えてさらに練り、泡立て器に持ち替えてしっかり空気を入れるように白っぽくふんわりするまですり混ぜる。
3　卵黄、バニラオイルを加えて混ぜ、ふるった粉類も加える。手でバターと粉をさっくり絡めるように混ぜⓐ、粉気がなくなったら、しっかり手で押すようにして生地を馴染ませるⓑ。ラップで生地を包んで平らにしⓒ、冷蔵庫で半日ほど休ませる。
4　3を冷蔵庫から取り出してしばらく室温に置く。扱いやすくなったら、5mm厚さにのばして型で抜き、オーブン用シートを敷いた天板に並べる。塗り卵をしてフォークの先で筋をつけⓓ、温めたオーブンで15分ほど焼く。

ⓐ

ⓑ

ⓒ

ⓓ

no. 069

マドレーヌ

しっとりとバターが香るフランスの伝統菓子、マドレーヌ。
人肌程度の溶かしバターを加えることと、生地ができ上がったら、
1時間ほど生地を休ませることが上手に作るポイントです。

材料　<u>シェル型12個分</u>
無塩バター（できれば発酵バター）
　　　… 100g
薄力粉 … 100g
卵 … 2個
砂糖 … 100g
バニラビーンズ
　（またはバニラオイル）… 少々

●焼く頃合いを見計らい、
オーブンを180℃に温めておく。

作り方

1　バターは耐熱容器に入れてラップを被せる。600W の電子レンジにかけ、様子を見ながら加熱し、溶かしバターにして粗熱を取る。薄力粉はふるい、バニラビーンズは種をかき出しておく。

2　卵はボウルに割り入れ、砂糖を加えて混ぜる。ふるった薄力粉を加えてさらに混ぜるⓐ。

3　なめらかになるまで十分に混ぜたらⓑ、バニラビーンズ、溶かしバターを順に加えるⓒ。よく混ぜたら、ラップを被せてそのまま1時間ほど置く。

4　バター（分量外）を塗り、薄力粉（分量外）を薄くはたきつけた型に3をすり切りまで入れⓓ、温めたオーブンで10分ほど焼く。

ⓐ

ⓑ

ⓒ

ⓓ

上田 淳子

料理研究家。日本ソムリエ協会公認ワインアドバイザー。短期大学卒業後、辻学園調理技術専門学校で西洋料理・製菓・製パン技術を学ぶ。卒業後、同校の西洋料理研究職員を経て、渡欧。スイスのホテルのレストラン、ベッカライ（ベーカリー）、フランスのミシュランの星つきレストラン、シャルキュトリー（ハム・ソーセージ専門店）などで3年間ほど料理の修業に励む。帰国後、シェフパティシエを経て、料理研究家として独立。自宅で料理教室を主宰するほか、雑誌やテレビ、広告などでも活躍する。フランスのワイン産地ロワール地方での地元ワインに合う日本食の提案や、双子の男の子の母としての経験を生かした食育などでも活動する。『帰りが遅くてもかんたん仕込みですぐごはん』（世界文化社）、『子どもはレシピ10個で育つ。』（光文社）、『フランス人に教わる3種の"新"蒸し料理』（誠文堂新光社）など著書多数。

バターは調味料。
ほんの少し使うだけで
おいしくなる

2019年10月25日　初版第1刷発行

著者　　　上田淳子
発行者　　長瀬 聡
発行所　　株式会社グラフィック社
　　　　　〒102-0073　東京都千代田区九段北1-14-17
　　　　　tel.03-3263-4318（代表）　03-3263-4579（編集）
　　　　　郵便振替　00130-6-114345
　　　　　http://www.graphicsha.co.jp
印刷・製本　図書印刷株式会社

撮影／邑口京一郎
スタイリング／中里真理子
装幀／高橋 良 [chorus]
編集／小池洋子 [グラフィック社]
調理アシスタント／大溝睦子

定価はカバーに表示してあります。
乱丁・落丁本は、小社業務部宛にお送りください。小社送料負担にてお取り替え致します。
著作権法上、本書掲載の写真・図・文の無断転載・借用・複製は禁じられています。
本書のコピー、スキャン、デジタル化等の無断複製は著作権法上の例外を除き禁じられています。
本書を代行業者等の第三者に依頼してスキャンやデジタル化することは、
たとえ個人や家庭内での利用であっても著作権法上認められておりません。

ISBN978-4-7661-3355-4　Printed in Japan